Dr. Ernst Woll

AF281730

Schwein sollte kein Schimpfwort sein
Schweine erzählen von ihrem Leben

Inhalt:

2009
Herstellung und Verlag: Books on Demand GmbH, Norderstedt
ISBN 9783839151839

Prolog

Was Schweine über ihr Leben zu erzählen wissen:
„Ein Schwein, ja, ein solches bin ich, nur wie abfällig dies die Menschen oft sagen, das empört mich schon. Ebenso frustriert bin ich, wenn ich die abwertende Bemerkung höre: `Die Sau´. Nennt mich bitte nicht so, sondern Hanna; die wievielte ich seit Mitte der 1930er Jahre sein könnte kann heute, Ende des ersten Jahrzehnts des neuen Jahrtausends, nicht mehr geklärt werden. Durch Krieg, Vertreibung, Flucht, Enteignungen nach 1945 wurden viele Dokumente über uns Schweine vernichtet. Ich bin etwas Besseres, ein Hausschwein, aber der Begriff `Haussau´ könnte missverstanden werden, man findet ihn auch nicht im Duden. Viele Personen behaupten, ich sei ihr Mitgeschöpf, aber davon spüre ich wenig. Die zoologische Familie Schwein ist riesengroß, die darin enthaltene Anzahl der Vorfahren vom Hausschwein hat fast unvorstellbare Dimensionen erreicht. Mein interessantes Leben und das meiner Vorfahren dürfen der Nachwelt nicht verloren gehen.

Die Anfänge meiner Art reichen Jahrtausende zurück, meine persönlichen 3 Jahre, denn ich bin eine Zuchtsau. Ich hatte das Glück, nicht schon nach 9 bis 10 Monaten, wie die Mehrzahl meiner Schweinekinder, dem Nahrungsbedarf der Menschen geopfert zu werden. Mein Schicksal, das meiner Sprösslinge und ihrer Väter veranlassen mich darüber nachzudenken: `Was ist ein Schweineleben wert? ´ Unsere Lebensläufe und die unserer Ahnen zeichnen bei der Beantwortung dieser Frage ein typisches Bild des ungleichen sehr differenzierten Umgangs der Menschen mit uns Tieren. Mit Hunden und Katzen wird z.B. viel geschmust, mit uns Schweinen geschieht das selten oder nie.

Die Schweinegenerationen von Mitte der 30er Jahre bis zum Ende des Krieges

„Wenn ich richtig rechne", sagt die Sau Hanna, die jetzt in der Gegenwart lebt, „gab es seit den 1930er Jahren bis heute ungefähr drei Menschengenerationen, bei uns Schweinen waren es viele mehr". Sie beginnt von dem zu erzählen, was bisher von Generation zu Generation überliefert wurde und worüber nach fast 80 Jahren die Schweine immer noch reden: „Von einer Muttersau, die damals lebte, ist einiges bekannt; ohne es jedoch eindeutig beweisen zu können, erkläre ich sie zu meiner Stammmutter und gebe ihr ebenfalls den Namen Hanna. Von meinem Stammvater, von dem ich keinen Namen weiß, ist bekannt, dass er eine Unzahl Nachkommen in die Welt setzte, um die er sich nie kümmerte. Von kräftiger ästhetischer Statur soll er gewesen sein und bestimmt 5 – 6 Zentner Körpergewicht auf die Waage gebracht haben. Er stand im Stall eines Großbauern, der mindestens 20 Sauen hielt, die alle zum Harem meines Vorfahren zählten. Darüber hinaus brachten auch noch mindestens 20 Kleinbauern und Kleinsiedler, wie es damals hieß, die Muttertiere zum Decken zu ihm. Er durfte dann jedes Mal vom Stall auf den Hof, wo ihm die Sau, der er sein Sperma übergeben sollte, vorgestellt wurde. Gaffend und gestikulierend standen die Bauern drum herum, es musste alles schnell erfolgen und vertraut konnte er daher mit seinen Partnerinnen nicht werden. Sobald er seine Pflicht erfüllte hatte, ging es wieder ab in den engen Kofen; nur ausnahmsweise als Belohnung in den Auslauf. Auch hier war er jedoch immer allein, er konnte seine Gefährtinnen nur durch die Spalten der Absperrungen sehen. Allerdings vermochte er sich in einem kleinen Tümpel immer wohlig zu suhlen. Es war für ihn jedes Mal ein Hochgenuss, wenn er nach dem Freigang mit einem kräftigen Wasserstrahl abgeduscht wurde; er musste vor den Sauen stets als sauberer `Freier´ auftreten. Interessant ist ein Bericht von ihm, den ich aber nur noch sinngemäß wiedergeben kann. Er ahnte eines Tages, er war noch keine 4 Jahre alt, dass etwas Schlimmes geschehen würde. Mit einem Gitter wurde er von 2 kräftigen Männern an die Wand seiner Bucht gedrückt, spürte einen Stich am Ohr und wurde plötzlich sehr müde, er merkte, dass man ihm eine Maske aufsetzte und das Atmen fiel ihm schwer. Alles um ihn herum sah er nur noch verschwommen und er schlief fest ein. Wie lange er geschlafen hatte wusste er nicht, in seiner Behausung wachte er auf frischem Stroh liegend auf und spürte einen großen Schmerz zwischen seinen Hinterbeinen; ihm wurde seine Männlichkeit genommen. Schnell vergessen war die Pein, denn nun setzte ein Wohlleben ein. Das angebotene Futter konnte er kaum schaffen; in einer Zeit von 6 Wochen hatte er weitere Kilo zu seinem schon bisher stattlichen Gewicht zugelegt. So könnte das Schlemmerleben durchaus weitergehen, meinte er, aber es hörte abrupt auf. Unsanft wurde er aus dem Stall getrieben und auf einem Karren in einen engen `Gitterkasten´ verbracht. Ab ging die Fahrt über holprige Wege zum Schlachthof, denn nach dieser Zeit nach der Kastration würde sein Fleisch nicht mehr nach Eber schmecken oder riechen. Er hatte nun sein Leben verwirkt und sollte gutes festes Muskelfleisch für Dauerwürste liefern.

Jetzt will ich aber weiter von überlieferten Erzählungen meiner vermutlichen Ur, Ur........Urgroßahnin Hanna berichten; ich weiß gar nicht wie viele Ur ich vorsetzen muss. Bei ihr war es Mitte der 1930er Jahre so weit, dass sie Nachwuchs erwartete. Sie lag in trockenem Stroh, allein in einem geräumigen Kofen. Ruhe hatte sie allerdings nicht, denn im Stall um sie herum grunzte und schmatzte es ständig, Eimer klapperten und Türen wurden zugeschlagen. Sie merkte aber erleichtert, dass sie für die Geburt keine besondere Hilfe benötigte, es genügte, dass der freundliche Bauer hin und wieder bei ihr vorbeischaute und die kleinen Neugeborenen beiseite legte. Sie konnte nicht zählen und wusste nicht, dass es 14 waren. Am Gewimmel um sie herum merkte sie jedoch, dass es sehr viele sein mussten und ihre Zitzen nicht reichten; zur gleichen Zeit konnten gar nicht alle trinken. Es fiel ihr deshalb nicht auf, dass zwei ihrer Schweinebabys weggenommen wurden und zu einer anderen Muttersau, die nur 9 Kleine geboren hatte, kamen. Ach, tat ihr das gut, dass man ihr die Ferkelchen so schnell ans 'Gesäuge' legte und diese gierig die reichlich während der Geburt eingeschossene Milch tranken. Entspannt lag sie auf der Seite und konnte deshalb nicht beobachten, dass ein heißer Kampf um die vorderen Zitzen entbrannte. Sie wusste aber aus ihrer Kindheit, dass es dort die meiste und beste Muttermilch gab. Ein richtiges inniges Verhältnis zu ihren Kindern entwickelte sie nicht, sie ahnte, dass ihr auch dieser Wurf nach 6 bis 8 Wochen weggenommen wird. Es ging zu schnell, dass sie für Nachwuchs sorgen musste – es war in den letzten zwei Jahren schon das 5. Mal, dass sie trächtig geworden war. Ebenso oft erinnert sie sich, dass man einige ihrer Ferkel, als diese jeweils ca. 6 Wochen alt waren, tüchtig quälte. Eines Tages streute man viel Stroh in die Unterkunft und die Bauersleute erschienen mit einem fremden Mann, der sich wie ein 'Höherstehender' aufspielte, in den Stall. Die Ferkel wurden einzeln gefangen und komisch mit den Beinen nach oben festgehalten. Eines ihrer männlichen Kleinen berichtet ihr, was dann geschah, sie selbst konnte es nicht sehen, sondern nur das Quietschen und Schreien hören. Er erzählte, dass er spürte, wie der Angeber zwischen seinen Hinterbeinen hantierte. Es war sehr schmerzhaft. Wieder in die Freiheit entlassen merkte er, dass etwas Eigenartiges mit ihm geschehen sein musste. Er hörte, er wurde kastriert und das ohne Betäubung! Die weiblichen Ferkel guckten schadenfroh, das bildete er sich zumindest ein. Er verkroch sich ins Stroh und fand Zeit über vieles nachzudenken: Die Bauersleute, die sich immer so loyal gegenüber den Tieren gaben, schienen auch nur egoistisch zu sein; sie wollten ihn und seine Gefährten schnell schlachtreif machen und verhindern, dass sein Fleisch nach Eber schmeckt."

Die in der Gegenwart lebende Hanna erzählt nun weitere Episoden vom Leben ihrer Stammeltern: „Die Stammmutter Hanna stellte fest, dass der bisherige Vater ihrer Kleinen nicht mehr da war, sie wusste nicht, wie der Neue, den sie manchmal in einer weit entfernten Bucht grunzen hörte, sich benehmen würde, wenn sie vielleicht ein weiteres Mal gedeckt werden sollte. Sie lernte den neuen Eber nicht mehr von Angesicht zu Angesicht kennen, denn auch ihr Dasein endete im Schlachthof, nachdem ihr dieser letzte Wurf weggenommen worden war. Überliefert sind aber ihre detaillierten Erinnerungen über die damaligen Lebensverhältnisse der Schweine. Sie hatte den gesamten Stall, wohin sie als `Jungsau´ gekommen war, in dem aber auch die trächtigen, die ferkelführenden und die güsten (nicht trächtigen) Sauen untergebracht waren, kennen gelernt. Man konnte sich nicht beschweren, in allen Abteilungen war immer reichlich Stroheinstreu vorhanden. Nur in den Abferkelplätzen und solange man die Ferkel bei sich hatte, bestand Anspruch auf Einzelunterbringung; ansonst waren es Massenunterkünfte. In den Auslaufflächen längs des Stallgebäudes gab es schöne Erdlöcher zum Suhlen. Für die Buchten-

und Auslaufabtrennungen hatte man zum größten Teil Holzstangen installiert, an denen man wunderbar nagen und den Rücken scheuern konnte. Nur geärgert hatte sie sich in der Jungsauenabteilung; dort setzten ihre Mitbewohner den Kot über die gesamte Fußbodenfläche verstreut ab! In den anderen Abteilungen nutzten sie hierfür eine bestimmte Ecke der Bucht. Alles eine Frage der Erziehung – und da sagten die Menschen manchmal: `Die dreckigen Schweine`. Kurzum, das Sauendasein war gar nicht so schlecht, wenn nicht die kurze Lebenserwartung gewesen wäre; bevor sie zur Schlachtung kam hörte sie den Bauer sagen: `Die ist zu fett geworden, die wird bestimmt nur noch schwer tragend. `

Erstaunt war sie, als sie im Schlachthof eines ihrer Sprösslinge sah. Sie erkannte ihn an dem großen schwarzen Fleck an der linken Bauchseite; ein solch ausgeprägtes Kennzeichen, dass frühere Kreuzungsversuche verriet, hatte sie bei keinem anderen ihrer Kinder gesehen. In ihren Gedanken nannte sie ihn `Schwarzfleck´. Von Gesprächen der Bauern, vor allem wenn sie wieder gedeckt werden sollte, hatte sie einiges über Schweinerassen mitbekommen. Sie und alle ihre Mitgeschöpfe gehören zum gehobenen Stand der Hausschweine, die jedoch letztlich auch vom Wildschwein abstammen. Das ist nichts Außergewöhnliches, auch die Menschen waren ursprünglich `Wilde`, die sich durch die Evolution zu dem entwickelten, was sie heute sind. Wir Schweine wurden von den Menschen weiter gezüchtet, wobei die Gesichtspunkte Fruchtbarkeit, Fleisch- und Fettansatz, Schnellwüchsigkeit und Widerstandsfähigkeit gegenüber Krankheiten im Vordergrund standen.

Unsere Stammmutter, ein ´Deutsches Edelschwein´, war wahrscheinlich nicht ganz reinrassig. Bei ihren Ferkeln sah man ab und zu Merkmale von Landrassen, z.B. vom veredelten Landschwein, vom Bergshire oder auch vom Sattelschwein, die Abstammung von dieser Rasse lässt sich bei den Nachkommen nicht verleugnen, die schwarzen Flecken auf der Haut verraten alles. Der Eber, der Zeit ihres Lebens der „Zwangsvater" ihrer Kinder wurde, war nach Aussehen und Statur ein echtes `Deutsches Edelschwein´, mit aufrecht stehenden schönen Ohren und geringem blondem Haar, oder besser gesagt Borsten, am ganzen Körper. Er hatte nicht solche Schlappohren wie beim `Veredelten deutschen Landschwein`, die wie Dackelohren aussehen."

Rassevorbilder
Edelscheineber, Sauen: Veredeltes Deutsches Landschwein, Deutsches Edelschein

Bilder aus Schlipfs „Handbuch der Landwirtschaft" Ausgabe 1917 und „Wirtschaftliche Kleintierzucht des Kleinsiedlers" Ausgabe 1934

Die heute lebende Sau Hanna weiß, dass sich alle ihre Ahnen in den letzten 70 Jahren bestimmte Einkreuzungen, auch von Ausländern - besonders aus dem englischen Raum - gefallen lassen mussten. Stolz ist sie aber, dass aus ihr ein rassiges für den Menschen außerordentlich wertvolles Tier geworden ist, dass sich besonders durch einen sehr langen Rücken mit großer Kotelettausbeute auszeichnet.

Das Foto (aufgenommen im Freilichtmuseum Hohenfelden) zeigt ein solches neuzeitliches Schwein.

Die in den 1930er Jahren lebende Hanna hatte für einen Nachwuchs von etwa 70 Schweinen gesorgt, die zum größten Teil Mastschweine, in wenigen Fällen Zuchtsauen und in nur einem Falle ein Zuchteber geworden sind. Vom „Schwarzfleck", den sie wie schon beschrieben in der Nachbarbucht am Schlachthof erkannte, erfuhr sie in den letzten Stunden ihres Erdendaseins Nachdenkliches über das Schicksal ihrer direkten Nachkommenschaft. Mit Schrecken dachte sie daran, dass ihr keine Zeit mehr bleibt all das irgendwie der Nachwelt zu übermitteln. Die Sorge war unbegründet, die vielen Erlebnisse der Schweine aller Arten in allen Zeiten schrieben wissbegierige Menschen auf, sie waren stets bestrebt Neues daraus abzuleiten und zu finden, um die Schweinezucht und -haltung immer effektiver zu machen. In diesem Sinne berichten zunächst Ferkel, Läufer und Mastschweine aus der bewegten Zeit der 1930/40er Jahre von vielen Erfahrungen, die sie in der Obhut der unterschiedlichsten Menschen sammelten.

Die Erlebnisse von `Schwarzfleck´
„Ich mag meine Mutter noch nicht verlassen", jammert Schwarzfleck: „Ich bin doch erst 7 Wochen alt. Die Muttermilch schmeckt mir noch so gut, das andere Futter bekommt mir nicht; ich kriege bestimmt Durchfall." Mit

9

dieser Klage beginnt ein interessanter überlieferter Bericht: Erbarmungslos nimmt der junge Bauer Schwarzfleck, dessen Geschwister und aus einer Nachbarbucht noch weitere Ferkel den Müttern weg. Unsanft werden sie an den Hinterbeinen festgehalten, hochgehoben in einen großen Schubkarren ohne Strohpolsterung verbracht - das Fahrzeug ist nicht einmal gummibereift -, ab geht es über holprige Wege in einen benachbarten Stall. Schwarzfleck hört, dass sie nun Läufer werden sollen; er muss gemeinsam mit 19 Artgenossen eine recht geräumige Unterkunft, zwar mit weniger Stroh als in der Abferkelbucht, teilen. Das empfindet er alles noch als erträglich, aber die Fremden spielen sich auf, als seien sie die neuen Herren. Gab es schon fortdauernd Rangkämpfe zwischen den Geschwistern, so ist das jetzt in der großen Gruppe fast unerträglich geworden. An den Futtertrögen ist kaum für alle Platz, sie beißen sich gegenseitig besonders in die Ohren, das ist jedoch weniger schmerzhaft als wenn der Schwanz erwischt wird. Ob es sein schwarzer Fleck ist, der ihn zur Zielscheibe von fast allen werden lässt? Ungeklärt bleibt dabei die Frage, ob bei allen Tieren anderes oder fremdartiges Aussehen zu Ausgrenzungen in der Gruppe führt; bei Menschen spielt das in der Gesellschaft oft eine große Rolle. Er avanciert jedenfalls nicht zum `Bestimmer´ in der Bande. Mit List und Tücke muss er sich seine Anteile am Futter und beim Trinken sowie seinen Ruheplatz erkämpfen. Der ständige Krach – im Stall leben mindestens 60 Tiere – nervt besonders wenn die Eimer klappern und die Bauersleute mit der Fütterung beginnen. Es gibt aber in dieser neuen Periode des Aufwachsens auch Vorteile, jetzt, im Sommer, dürfen sie häufig in einen großen Auslauf, in dem man sich gegenseitig etwas aus dem Weg gehen kann. Hier bestaunen Besucher mit Kindern, wahrscheinlich aus der Stadt, die Tiere wie die Exoten im Zoo. Schwarzfleck weiß, dass sie alle nicht besonders sauber aussehen, wenn sie sich mal wieder richtig gesuhlt hatten, aber die Bemerkung der Städter: „Oh, die schmutzigen Schweine", scheint doch unangebracht. Da sind die Dorfkinder, deren Kleider, Schuhe, Hände und das Gesicht selbst oft vor Dreck strotzen, verständnisvoller.

Mit der Zeit gewöhnt Schwarzfleck sich sogar an die geringe Stroheinstreu. Der Fußboden besteht aus Holzbohlen, zwischen denen sich jedoch in den größeren Spalten manchmal die Klauen einklemmen. Größere Verletzungen gibt es aber nicht. Sehr unangenehm ist der Gestank, der aus dem Hohlraum unter den Fußbodenbohlen kommt; bei Wetterumschwung riecht das Kot- Uringemisch ganz besonders übel.

Ein Läufer benahm sich sehr auffällig in der Gruppe. Er belästigte alle in seiner Umgebung, indem er von hinten wie beim Deckakt aufsprang. Es stellte sich heraus, dass er nicht richtig kastriert worden war, weil während dieser Prozedur im Ferkelalter seine Hoden noch im Bauchraum verblieben waren. Der Schweinekastrierer betrog den Schweinehalter, er ritzte nur die Haut an, dass es wie ein Schnitt aussah, entfernte aber nicht die Keimdrüsen. Er vergaß auch, bewusst oder unbewusst, den Besitzer zu informieren, dass noch eine tierärztliche Operation dieses so genannten Binnenebers erfolgen muss. Jedenfalls rettete dieser Läufer seine Männlichkeit bis zur Schlachtung, bei der dann entdeckt wurde, dass er noch Eber war.

Eine Sau, die schon als Läufer für die Zucht auserwählt wurde, erzählt
„Schwarzfleck war bekannt wie ein bunter Hund, wie man so sagt. Ich bedauerte ihn, er konnte sich kaum der

Beißattacken der anderen erwehren. Ich selbst war in der Hierarchie unserer Läufergruppe nicht weit genug oben, um ihn erfolgreich zu schützen. Überhaupt gefiel mir das Leben während dieser Zeit nicht besonders gut, alle benahmen sich so, als müssten sie zeigen, dass sie für eine höhere Karriere bestimmt wären. Ich aber wurde hierfür ohne mein Zutun auserwählt und nenne mich der Tradition verpflichtet auch Hanna." Sie erzählt weiter: „Eines Tages, ich hatte mir schon ein Gewicht von ca. 70 Pfund angefuttert, war aber schlank und muskulös geblieben, kamen der Bauer und ein Mann, der sich Züchter nannte, in den Stall. Es gefiel mir nicht besonders, dass wir alle so durchgehend gemustert wurden. Nach einiger Zeit wurde ich von meinen bisherigen Gefährten getrennt und aus dem Stall in einen komischen Holzkasten verbracht. Der bestand aus Brettern mit Zwischenräumen, die aber zu eng zum Durchkriechen waren; gut und gern hätten darin noch 2 meiner Größe untergebracht werden können. Mir machte es aber nichts aus nun allein zu sein, als die Fahrt über Land auf einem Pferdewagen begann.

Angekommen im neuen Bauernhof kam ich in einen luftigen, sauberen, geräumigen Stall in eine Gruppe von insgesamt 5 Tieren, die 4 Alteingesessenen beäugten mich Neuankömmling recht misstrauisch. Anders als in der Läufergruppe ging hier aber meine Eingewöhnung schneller und problemloser vonstatten. Wir Jungsauen waren ja auch etwas Besseres und vielleicht sogar höher gebildet. Unterkunft gut, Stroh in der Bucht, Sauberkeit allerorten, bestes Futter, gute Pflege, ich hatte keinen Grund zu klagen, ich fühlte mich durchweg wohl. Zufrieden, ohne bestimmte Höhepunkte, lebte ich dahin bis ich das erste Mal richtig brünstig wurde. Das muss der Eber entdeckt haben, der ab und zu in unseren Stall verbracht wurde und überall rumschnüffelte ohne jedoch direkt zu uns gelassen zu werden. Ich wurde nun aber mit diesem männlichen Tier zusammengebracht und die Befruchtung meiner Eizellen mit seinem Sperma hat gleich beim ersten Mal geklappt, ich wurde im Alter von 9 Monaten tragend. In den 4 Monaten meiner Trächtigkeit erhielt ich kein reichliches, aber kräftiges und gehaltsvolles sehr schmackhaftes Futter. Entrahmte Milch, Roggenkleie, Gerstenschrot, Grünfutter - vornehmlich Nesseln und Rübenblätter - schmeckten mir sehr gut. Bei meiner ersten Geburt traten einige Probleme auf, jetzt rächte sich, dass ich doch noch sehr jung war, als ich das erste Mal belegt wurde. Eine junge Arbeitsmaid mit sehr schmalen Händen leistete unter Anleitung des Bauern Geburtshilfe, ich brachte 12 gesunde kräftige Ferkel zur Welt; gerade die richtige Anzahl für meine Zitzen. Auf diese hatte der Bauer, der ein bekannter Schweinezüchter war, geachtet, als er mich kaufte. Ich befürchtete nach diesen Geburtschwierigkeiten auf die Maststrecke abgeschoben zu werden. Wahrscheinlich retteten mich aber folgende Umstände: Für die Geburtshilfe wurde kein Tierarzt, dessen Einsatz viel Geld gekostet hätte, benötigt. Ich war beim Kauf recht teuer gewesen und hatte Vorfahren, deren Leistungen, Fruchtbarkeit und Qualität mein ehemaliger Besitzer im Zuchtbuch festgehalten hatte; außerdem stammte ich aus einem „Frühjahrswurf", diese Tiere werden sehr gern als Zuchttiere ausgewählt. Nicht zuletzt legte die junge Maid ein Wort für mich ein.

Künftig wurde ich eine richtige `Gebärmaschine´. In 5 Jahren brachte ich über 120 gesunde Ferkel zur Welt, die alle ohne Verluste aufgezogen wurden und letzlich großes für die `Schweineheit´ - eine neue Wortschöpfung in Ableitung von Menschheit - leisteten.

Als es ab in den Schlachthof ging konnte ich also auf ein erfülltes Leben zurück blicken, ich hatte meinen Beitrag zur Sicherung der Volksernährung geleistet, wie es damals hieß und auch von uns Schweinen gefordert wurde."

Der Lebenslauf eines Zuchtebers

„Ich wurde am 15.Mai 1939 im Stall des Landwirts Muster in Eberdorf geboren. So beginnt mein Lebenslauf, der analog anfing, wie dieses von Menschen bekannt ist. Die weiteren üblichen Sätze im Lebenslauf musste ich aber schon improvisieren, ich vermochte nicht zu sagen das wievielte Ferkel einer anerkannten Zuchtsau ich war. Sie wusste es auch nicht genau, meinte aber, bei ihrem dritten Wurf wäre ich der 2. gewesen, der das Licht der Welt erblickte. Auch egal, ganz so pedantisch wie die Menschen sind wir Schweine nicht, wenn es um Bewerbungen für höhere Ämter geht. Ein solches begleitete ich, als ich in meinem Erwachsenendasein als Zuchteber in der Gemeinde Ebergrün angestellt war. Bis dahin hatte ich aber noch einiges durchzumachen.

Unter meinen 11 Geschwistern waren ich und noch ein anderer die strammsten und agilsten Ferkel. Unsere Mutter hatte ihre Mühe uns zu bändigen, denn wir nutzten jede Gelegenheit aus der Abferkelbucht zu entwischen, um unsere gesamte Umgebung zu erkunden. Wir hatten besonders scharfe Zähne und verletzten beim Saugen die zwei vorderen Zitzen, an die wir keine anderen ließen. Es schmerzte gar toll, als uns der Landwirt die Zähne abkniff, aber wir waren tapfer. Wir merkten außerdem, dass danach unsere Mutter uns weniger abwehrte, wenn wir recht stürmisch an ihrem Gesäuge zuckelten. Sie war immer sehr gutmütig, aber eines Tages fauchte und schimpfte sie, als Fremde den Stall betraten. Wir waren ca. 5 Wochen alt und sie ahnte, dass wieder die schreckliche Kastration ihrer männlichen Ferkel unmittelbar bevorstand. Diesmal atmete sie aber nach diesem Gesche-

hen etwas auf, wir beiden, ihre Lieblinge, wurden verschont. Noch wussten sie und wir nicht, was das zu bedeuten hatte. Wir erfuhren es, als wir das Läuferalter erreichten, ab diesem Zeitpunkt begann für uns eine Sonderbehandlung. Uns blieb die Massenunterkunft im Läuferstall erspart, wir bezogen mit noch 3 anderen Nichtkastrierten eine extra Schweinebucht mit besonderem Komfort. Unser Landwirt schien großes Interesse daran zu haben, dass wir uns gut entwickelten, in Pflege und Ernährung ließ er es uns an nichts fehlen. Unsere Aufzuchtsbucht befand sich inmitten des Stalls für Sauen. Ich war noch keine 8 Monate alt, da spürte und merkte ich schon, dass es in meiner Umgebung brünstige Sauen geben muss; aber wir wurden streng bewacht, wir durften nicht zu diesen Tieren. Von den Katzen, die sich manchmal im Stall tummelten, erfuhren wir, dass sie selbst durchaus ständig unkontrolliert mit den Katern zusammen sein durften. Das waren jedoch auch keine landwirtschaftlichen Nutztiere wie wir; die mussten zwar Mäuse fangen, aber für die menschliche Ernährung waren sie nutzlos. Keinesfalls wollte ich mit ihnen tauschen, denn ihre Nachkommen wurden häufig vom Menschen sehr grausam getötet. Allerdings das Schmusen mit den Katzen, das ich manchmal von der jungen Bäuerin sah, blieb uns verwehrt. Es hätte uns bestimmt auch nicht behagt.
`Zuchtreif´ kennzeichnete man meinen Zustand, meine so genannten inneren Triebe, als ich ca. 9 Monate alt geworden war. Ein weibliches Schwein im entsprechenden Alter führte der gestrenge Landwirt mir aber immer noch nicht zu. Erst erschien eine Kommission von Leuten, die sich alle sehr klug gaben und uns 5 vor Männlichkeit strotzenden Jungeber begutachteten. Richtig nackt fühlte ich mich unter ihren Blicken. Ich gehorchte aber ihren Anweisungen, nach denen ich vor ihnen auf

und ab marschieren musste. Nicht besonders gewehrt habe ich mich, als sie meinen Rücken und meine Keulen befingerten. Warum, ich habe es nicht ergründen können, wurde gerade ich ausgewählt? ich durfte meine Zeugungsfähigkeit behalten. Meine 4 Gefährten wurden von einem Tierarzt operiert, d.h. unter Betäubung entfernte er ihnen die Keimdrüsen. Nur ich, der ich sie kannte, hörte nach dieser Demütigung ihr Jammern, als sie darüber hinaus in die verhasste Mastschweineabteilung umgestallt wurden. Sie waren zu stolz, ihr Leid ihrer gesamten Umgebung zu zeigen. Ich verlor sie aus den Augen.

Mein Egoismus erwachte und ich fieberte danach, bald nützlich sein zu können und mit Nachwuchs einen Beitrag für die Erhaltung meiner Art zu leisten. Einige Wochen, in denen es mir aber nicht schlecht ging, musste ich noch warten bis ein sehr freundlicher Mann erschien und mich kaufte. Wahrscheinlich war mein bisheriger Besitzer sowohl ein guter Geschäftsmann, als auch ein anerkannter, verantwortungsvoller Schweinezüchter. Ich schien nicht billig zu sein und meine neue Heimat wurde ein viele Kilometer entfernter Ort, damit keine Gefahr bestand, dass ich mit Verwandten ersten, zweiten oder sogar bis dritten Grades Nachwuchs zeugte. Der Transport nach Ebergrün war auf der Ladefläche eines klapprigen motorisierten Dreirades in einem engen `Schweinetransportkasten` alles andere als angenehm. Ich vermutete zunächst, an einen armen Bauern geraten zu sein. Bei der Ankunft auf seinem Hof merkte ich aber, dass er einen sehr ordentlichen Betrieb besaß. Das erkannte ich schon an dem ganz exakt gestapelten Misthaufen, im gepflasterten Hof, der Sauberkeit allenthalben und nicht zuletzt daran, dass man mich beim Abladen human behandelte. Auch über den Stall und den Kofen, in den man mich verbrachte, gab es nichts zu meckern. Nur eines

entdeckte ich nicht, einen solch schönen Auslauf, wie bei meinem bisherigen Eigentümer. Ich war sehr gespannt, was ich jetzt alles erleben würde. Gleich am nächsten Tag erschien der Bürgermeister und ich merkte, dass ich ein wichtiges Nutztier für die kleine Gemeinde sein musste. Ich wollte deshalb schnell wissen wie viele Sauen ich bei meinem Landwirt und in der Gemeinde künftig zu betreuen hatte, es waren insgesamt ca. 40, das reichte mir. Der fehlende Auslauf wurde dadurch ersetzt, dass ich häufig im geräumigen Hof, wo mir auch die Sauen zugeführt wurden, spazieren gehen konnte. Dort lagen vielfach Rübenblätter und Rotklee zur Selbstbedienung und es machte mir Spaß hin und wieder den Hofhund, der vor einer Hütte an einer Kette angebunden war, zu ärgern. Er bellte dann so laut, lange und eindringlich bis das energische Einschreiten der Bäuerin Einhalt gebot. Vor ihr hatte der Wächter Respekt. Ich fürchtete mich vor niemanden; wenn ich auf dem Hof war , wurden ringsherum alle Türen und Tore geschlossen und die Kinder und die Mägde angehalten, mir nicht zu nahe zu kommen. Selbst der Bauer und die Knechte, die mich betreuten, aus und in den Stall führten, hatten immer einen Stock bei sich, wenn sie in meiner Nähe waren. Manchmal habe ich mich in diesen Knüppel richtig verbissen. Da fällt mir eine Geschichte ein: `Als mir der Tierarzt einmal eine Spritze geben wollte, ich weiß nicht mehr warum ich sie bekommen sollte, gebärdete ich mich ganz wild. Drei starke Männer mussten das Gitter halten, mit dem man mich an die Wand drückte, denn auch der Arzt fürchtete sich vor meiner Gegenwehr! ´
Nur reichlich 3 Jahre lang war ich der geachtete und einzige Zuchteber in der Gemeinde, dann hieß es, es muss wieder frisches Blut her. Es sollte nicht passieren, dass ich eventuell eigene Nachkommen decke. Der von mir

gehasste Tierarzt besorgte meine Kastration, gegen die ich mich nicht wehren konnte. Alle diese Leute kannten Mittel und Wege mich zu bändigen. Nach diesem Eingriff wurde ich viel, viel ruhiger, ich war ja auch schon ein alter Herr.

Namenlose Mastschweine mit den unterschiedlichsten Schicksalen
„Was hatte ich vom Leben erwartet, was ging in Erfüllung?" Diese Frage stellte sich ein Mastschwein. Es befand sich mit mehreren seinesgleichen im Viehhof eines Schlachthofes und wartete auf den Tod. Blitzschnell huschten die Bilder der Vergangenheit durch sein Gehirn; für längeres Nachdenken blieb auch keine Zeit mehr. Sobald sie vom stressigen Transport ausgeruht waren, vielleicht 4 – 5 Stunden später, ging es ab in die Betäubungsbucht. In der Zeit des Wartens spürten sie alle, dass etwas Schlimmes, Unabänderliches bevorstand. Das Mastschwein hatte erfahren, wie ein ihr ans Herz gewachsener Stallgefährte hausgeschlachtet worden war. Damals roch es ähnlich.
Die zermürbende Ausruhzeit sei notwendig, so hörten sie, weil sonst negative Auswirkungen auf die Fleischqualität zu befürchten wären. Ein schwacher Trost, aber wenn sie schon geopfert würden, dann sollte es nicht umsonst gewesen sein. Das Mastschwein wünschte sich in seinen letzten Lebensmomenten, es möge sich jemand finden, der erkennt, dass Schweineerlebnisse auch beachtenswert für die Geschichtsschreibung sind." Es klappte, einer lässt das Tier sogar selbst berichten.
„Wenige Tage nach dem Absetzen, das heißt nachdem ich von meiner Mutter getrennt worden war, kaufte mich eine Familie, als wäre ich eine Ware. Ich wog etwas mehr als 25 Pfund; in dem Tragkorb, in dem man mich ver-

frachtete, war es sehr eng. Im primitiven `Transportbehäl-ter´ ersetzte ein wenig Stroh die Polsterung. Ich hatte viel Angst und konnte das Wasser nicht mehr halten, als der Mann den Korb auf seinen Rücken schwingt. Ich glaube mein „Nass" durchtränkte sein Jackett, er marschierte aber trotzdem los. Allmählich gewöhnte ich mich an die schaukelnde Bewegung, verursacht durch das Gehen des Trägers auf holprigen Nebenstraßen. Angenehm verspürte ich die Luft, die durch die Ritzen des Korbge-flechts strich, nur sehen konnte ich nichts von der Ge-gend, die er durchwanderte. Es müssen arme Leute sein, zu denen ich komme, dachte ich, sonst hätte doch der Hausherr ein Fahrzeug benutzt, denn der Weg erschien mir sehr lang. Andererseits scheint die Familie in mei-nem neuen Zuhause etwas für Tiere übrig zu haben, bei meiner Ankunft redeten gleich eine Frau und mehrere Kinder freundlich auf mich ein. Oh Schreck, der Stall, in den man mich verbrachte, der war sehr primitiv, nicht zu vergleichen mit dem bei meinem bisherigen reichen Landwirt. Anwesend war schon ein wenige Wochen älte-rer Artgenosse. Ich erfuhr, er war ein kastriertes männli-ches Tier, während ich weiblich war, na da hatte ich ja nichts zu befürchten. Ich hörte, man hatte mich noch zu-sätzlich gekauft, weil 2 immer futterneidisch sind, denn wir sollten viel fressen, damit wir schnell schlachtreif wür-den. Aha, die Freundlichkeit der Leute hatte ihre Gren-zen, auch sie nutzten uns schamlos aus! Von Anfang an verstanden wir beiden uns recht gut und ich gewöhnte mich an die neuen bescheidenen Verhältnisse. Der Platz in unserem Kofen, mit einer Grundfläche von ca. 1,5 x 2,0 m und einer Deckenhöhe von reichlich 1,5 m, reichte für uns Halbwüchsige aus, etwas eng könnte es werden, wenn wir später erwachsen sind. Das schlimmste aber war die ständige Dunkelheit, die nur eine Unterbrechung erfuhr, wenn kurzzeitig die Futterluke geöffnet wurde oder wir im kleinen Hof ungefähr 1 Stunde Freigang hatten; das geschah aber höchstens 2 - 3 Mal pro Woche, oder während der Reinigung unserer Unterkunft.

Als wir ungefähr 80 Pfund schwer waren, hochtrabend sagte der Mann: In der Endmast', war dieser Hofgang vollkommen vorbei. Wir sollten dick und fett werden und uns nicht mehr all zuviel bewegen. In einem benachbarten Stallabteil hörten wir einige Ziegen meckern, die wir aber Zeit unseres Lebens nicht zu Gesicht bekamen. Unangenehm war ein ständiger Gestank, unsere Unterkunft befand sich direkt neben einer Mistgrube, über der, so merkten wir, sich noch Kaninchenställe befanden. Für die Winterzeit mag das für diese Tiere zwar recht angenehm warm gewesen sein, aber die hatten doch noch weniger frische Luft als wir in unserem Bretterverlies! Die Holzabtrennungen hatten unsere Vorgänger schon ganz schön angenagt, wir setzten das fort, um auch unseren angeborenen Spieltrieb ein wenig befriedigen zu können. Uns stand wenigstens schon ein Futtertrog aus hart glasiertem Ton zur Verfügung, wir erfuhren, dass unsere Vorgänger aus Holztrögen fressen mussten."

Über den Trog sind die Klapptür und rechts die Tür zum Ziegenstall zu sehen. Die Aufnahme entstand im Freilichtmuseum Hohenfelden.

„Ein großer Anteil unseres Futters bestand aus Küchenabfällen. Das waren die Essensreste von der Familie, aber auch die von einigen Leuten aus der Nachbarschaft, die keine Schweine hielten. Das allein reichte aber nicht und wir freuten uns, wenn es zusätzlich gekochte Kartoffeln vermischt mit schmackhaftem Getreideschrot gab. Insgesamt fanden wir unsere Ernährung schmackhaft und gut, weil wir auch oft Rübenblätter und Klee zum Nachtisch erhielten. Nur hin und wieder hoben wir die Zähne, wenn wir merkten, in den Küchenresten befand sich wieder einmal zu viel Salz.

Wir gehörten einem Kleinsiedler, der sich und seine Familie nicht von der eigenen Scholle ernähren konnte. Wir leisteten deshalb einen Beitrag für seine Nebeneinkünfte."

Schweineleben in der DDR – in VEG (Volkseigene Güter) und LPG

Die Frage, ob mit der Gründung der DDR auch für die hier lebenden Schweine ein neues Zeitalter anfing, könnte zweideutig ausgelegt werden. Sicher ist, dass wenige Zeit später die Ausrufung des Aufbaus des Sozialismus auch das Schweineleben veränderte.

Welch unsinnige Behauptungen und Vergleiche manchmal Menschen äußern, zeigte sich, wenn einige DDR-Bürger sagten: „Wir hatten in der DDR ein Schweineleben." Bedeutete dieses ein gutes, schlechtes, dreckiges oder gar kurzes? Alles ist möglich, aber nicht ohne Erklärungen zutreffend, wenn man die Schweinezucht und -haltung in diesem Lande kennen lernte und sie außerdem sachlich, fachlich, exakt beurteilt; das sollen jedoch die Schweine selbst tun. Schriftsteller, die über Menschen schreiben, können ihre Hauptfiguren über sehr lange Zeiträume leben lassen. Für die Schweine ist das wegen der kurzen Lebensperioden nicht möglich; es gibt nur wenige Sauen und Eber, die ihr sechstes und Mastschweine, die ihr zweites Lebensjahr erreichen; in der Weltgeschichte ein zu kurzer Abschnitt, um grundlegende Veränderungen zu erleben. 10 – 12 Jahre könnten diese

Tiere jedoch alt werden, wenn sie nicht fast ausnahmslos vorher einer Verwertung zugeführt würden. Vier Jahrzehnte wurde die DDR alt und in dieser Zeit wurden hier so viele Schweine geboren, gezüchtet, gehalten, gemästet, geschlachtet, ferner im- und exportiert, dass man sagen kann es war ein „Schweineland". Mit dieser Tierart verdiente der Staat ein „Schweinegeld", ob es aber ökonomisch immer sinnvoll eingesetzt wurde, bleibt dahingestellt.

Volkseigene Güter (VEG) sind vorbildlich in der Schweinezucht und –haltung
Bis Anfang der 1950er Jahre gab es in der Landwirtschaft im Osten Deutschlands übersichtliche Eigentumsverhältnisse: Klein- und Neubauern, Mittelbauern, Großbauern, Kirchengüter und VEG. Letztere waren meistens ehemalige Staatsgüter, die nicht unter die Enteignungsbestimmungen fielen. Dort wurden u. a. die erhaltenswerten Traditionen, verbunden mit neuen Erkenntnissen in der Schweinezucht und –haltung, fortgeführt. Seit Gründung des neuen Staates DDR bis zur Epoche ab der 1970er Jahre, als auch die VEG in neue große Kooperationen aller Landwirtschaftsbetriebe einbezogen wurden, berichten Schweine über ihr Leben in diesen Gütern:
„Ich habe gehört, wir sind von einem Joch befreit worden," erzählt ein Mastschwein in einer Gruppe von mindestens 50 Tieren; „die früheren großen Standesunterschiede, die es in Deutschland gab, die damals auch wir Schweine spürten, wären beseitigt. Jetzt in der DDR sollen nach der Verfassung alle gleich sein. Es heißt, eine herrschende Klasse, die Arbeiter und die Bauern, die die Mehrzahl der Menschen ausmachen, würde nunmehr das alleinige Sagen haben. Sie mehren durch ihre Arbeit den Reichtum des Volkes. Im übertragenen weitesten

Sinne müssten das wir Mastschweine sein, durch die Produktionsergebnisse in der Schweinefleischerzeugung und vieler zusätzlicher Rohstoffe leisten wir einen großen volkswirtschaftlichen Beitrag." „Komm bloß von deinem hohen Ross wieder runter, du redest ja schon wie ein Parteifunktionär", empört sich ein anderes Schwein. „Man merkt immer wieder, wie die `Staatsoberen´ versuchen mit propagandistischen Reden alle nach einer Richtung zu beeinflussen, wie sieht aber die Wirklichkeit aus? Unsere Ställe sind schlechter und unbequemer als die der Zuchttiere, die auch oft besseres Futter erhalten. Auch gehen die Arbeiter, die jetzt zwar nicht mehr Knechte heißen, nach wie vor sehr roh und barsch mit uns um. Allerdings gibt es einige, die uns schon immer etwas menschlicher behandelten, sie treten und stoßen uns nicht so unsanft wie die meisten anderen. Die Menschen haben sich, das steht fest, in ihren Einstellungen und im Verhalten bis jetzt noch nicht grundsätzlich geändert." Die Debatte wäre eskaliert, wenn nicht das kräftigste Schwein, das sich von Anfang an in der Meute den ersten Rang erkämpft hatte, dem ganzen ein Ende gesetzt hätte. Es sagt: „Ich will das alles Mal richtig stellen; haben wir Grund zur Unzufriedenheit? Was gehen uns die politischen Fragen an? Schaut euch um, wir haben einen gepflasterten Fußboden in unserer Bucht, regelmäßig wird ausgemistet, na ja, mit Stroh spart man, kalt wird uns aber nie, wenn wir uns letztlich eng zusammenlegen. Jeder hat seinen Fressplatz an ordentlichen Trögen, sogar Selbsttränken wurden eingebaut – dursten braucht keiner-. Regelmäßige Fütterungszeiten sind uns ebenfalls garantiert. Wenn wir daran denken was da in den letzten Jahren die Menschen durchgemacht haben, die hätten uns beneidet. Freilich in unserem Stall ist noch keine moderne Lüftung eingebaut worden, aber die Luftschächte im Dach und die zu öffnenden Fenster werden doch stets von den Arbeitern so geregelt, dass wir ein erträgliches Stallklima haben. Also seid dankbar in einem Volksgut zu leben, wo Zucht und Ordnung herrscht und nicht alle machen dürfen was sie wollen." Die anderen grunzen zustimmend, sie wissen, wenn sie sich auflehnen, dann werden sie sogar gebissen und müssen beim Zusammenliegen die äußeren Plätze einnehmen. Es ist schon ganz gut, wenn in einer größeren Gruppe einer das Sagen hat.

Eine Zuchtsau, Deutsches veredeltes Landschwein bester Abstammung erklärt, dass sie nun schon 3 Jahre in diesem VEG lebt und mit der Leitung und allem drum und dran sehr zufrieden ist. „Versuch doch nur nicht dich immer überall so einzukratzen", meint ihre Nachbarin, „wir sind und bleiben jederzeit den Menschen ausgeliefert, die mit uns machen was sie wollen. Als ich kürzlich über den Hof hier in diesen Abferkelstall getrieben wurde, konnte ich einen Blick in den Maststall werfen. So wie die dort in den Massenunterkünften untergebracht sind, dazu die primitiven Stallverhältnisse, mit denen möchte ich nicht tauschen! Nur betrübt mich, es sind ja alles Tiere, die wir geboren haben. Die Menschen wollen und streben fast alle danach, dass es ihren Kindern besser und besser gehen möge; aber uns ist eine derartige Einflussnahme völlig versagt! Noch eines sah ich, in einem benachbarten Maststall war der gesamte Fußboden eine einzige Baugrube. Ich vermute, jetzt beginnt wahrscheinlich auch bei uns das Zeitalter der einstreulosen Schweinehaltung." „Was soll denn das für eine neumodische Methode sein?" fragt die Zuchtsau. Ihre neue Nachbarin scheint gut informiert zu sein und berichtet gern darüber, was auch sie von Sauen hörte, mit denen sie im Wartestall längere Zeit zusammen war und die aus einem so genannten Versuchsgut hierher gekommen waren. „In diesen, den Universitäten angeschlossenen Einrichtungen. werden neue Aufstallungsformen für Schweine ausprobiert" erklärt sie und gibt sich auch weiterhin sehr allwissend: „Sie sehen wie Roste aus und werden Spaltenböden genannt. Angefangen hat man zunächst damit, dass nur die Hälfte der Schweinebucht mit diesen Spaltenbodenelementen ausgerüstet wurde. Nur dort sollten die Schweine ihren Kot und Urin absetzen, der durch die Spalten in eine darunter liegende Grube gelangt. Es klappte nicht, die Tiere dazu zu erziehen, dass sie nur diese Stellen wählten und man ging dazu über, die gesamte Fläche der Bucht damit auszustatten.

Als besondere Attraktion erhielten die Schweine eine Selbsttränke, das machte denen   richtig Spaß, `daran rum zu spielen´ und sie freuten sich, wenn das Wasser ´raus spritzte´.

Teilspaltenboden und
Selbstränke

Auch mit dem Material und der Spaltenweite für diese Fußböden hat man noch nicht das Non plus ultra gefunden; es gibt noch zu viele Klauenverletzungen." Die Sau versucht ihre überschlaue Nachbarin zu unterbrechen und meint: „Du schmeißt auch nur so mit Fremdworten um dich, kann man dafür nicht auch das Beste oder Richtigste sagen, wie sich das für deutsche Schweine gehört?" Jetzt hatte sie Öl ins Feuer gegossen und ihr wurde erklärt: „Die Wissenschaft braucht Fachbegriffe, die aus den verschiedensten Sprachen stammen können; entweder du sagst z.B. einfach Ökologie, alle Gebildeten,

jedes Schwein, weiß. was damit gemeint ist; oder du er-
klärst es umständlich als die Lehre von den Beziehungen
zwischen den Lebewesen und ihrer Umwelt." „Manche
wollen aber oft auch nur mit ihrem Wissen angeben",
meint die nicht streitsüchtige Zuhörerin, trotzdem ist sie
daran interessiert zu erfahren, was da alles noch auf die
Schweine zukommen könnte. Die Ökologie spielt dabei
bestimmt eine Rolle.
Noch ist aber all das in den Anfängen, aber schon aus
diesem Dialog wird offensichtlich, dass die vielen Neuerungen, die in der Schweinehaltung ab Mitte der 1950er
Jahre eingeführt wurden, meistens Arbeitserleichterun-
gen und ökonomische Vorteile für die Menschen bringen,
für Schweine sind sie eher zusätzliche Belastungen. „Wäre ich Zukunftsforscherin", meint die gut informierte Sau,
„dann könnte ich schon heute prognostizieren, dass in
den nächsten Jahren die Lebensumstände für uns nicht
besser werden." „Hör doch endlich auf so zu prahlen und
sag schlicht und einfach: vorhersagen, " kontert die Sau.
Die beiden erlebten nicht mehr, welche positiven oder
negativen Auswirkungen diese Neuerungen - z.B. umfas-
sende einstreulose Haltung, Anbindehaltung der Sauen,
Käfighaltung der Läufer und Mastschweine, Großanlagen
mit mehreren hundert Sauen und tausender Mastschweine - brachten, aber ihre Nachkommen mussten damit
fertig werden. Sie konnten nicht die Republik verlassen,
wie dieses einige ihrer Besitzer taten.

Die Schweine in der LPG
Niemand darf bei dieser Überschrift Zweideutiges denken, sie ist rein sachlich gemeint. Die Schweine machten
im Gegensatz zu einigen Menschen die Gründung der
LPG ohne zu murren mit. Sehr differenziert lief das Ganze ab. In vielen Fällen erwuchsen den Tieren Vorteile aus

diesem Zusammenschluss, es gab aber auch Situationen, in denen es ihnen sehr mies erging. Die bewegte Zeit von den Gründerjahren der LPG bis zu der Zeit, als die Landwirtschaft im Osten Deutschlands „vollgenossenschaftlich" wurde, neue Lebensverhältnisse auf dem Land entstanden, lieferte viel Stoff für die Geschichtsschreiber. Das Schweineleben blieb von all dem nicht unberührt, ob es jedoch alle in ihren Berichten mit der Wahrheit ernst genommen haben, kann nicht mehr nachgeprüft werden. Sehr emotional wurde das völlig Neue auch von den Schweinen beobachtet.

„Die meisten Menschen verstanden es nicht, wie sollten es da wir Schweine begreifen, was damals geschah. Gleich nach dem Krieg hatte man den Großgrundbesitz enteignet und außer den VEG nur Landwirtschaftsbetriebe belassen, die nicht mehr als 100 ha Land bewirtschafteten; bevorzugte staatliche Unterstützung erhielten die Neubauern und die kleineren Betriebe um die 5 ha, den größeren machte man das Leben schwer. Jetzt sollten die Kleinen wieder zusammengehen und auch den Mittel- und Großbauern der Anschluss unter bestimmten Bedingungen nicht verwehrt werden. Wir hörten viele Menschen schimpfen: ‚Da hat man erst die großen schönen Ställe in den Gütern niedergerissen und jetzt müssen wieder neue gebaut werden. Für den Bauern ist eigener Besitz das Wichtigste, wenn man den wegnimmt, zerstört man vieles. Das gibt eine Hungersnot für die Menschen und auch die Schweine müssen verhungern, wenn allen alles gehört und sich niemand mehr direkt verantwortlich fühlt. ‘ Uns Schweine fragte man nicht und fand viele Formen des Zusammenschlusses, um einen erträglichen Übergang vom 'Ich zum Wir', wie es genannt wurde, zu garantieren.

Wir Schweine von Bauern, die sich gleich für den Typ III entschieden, wurden vorläufig in größeren Anwesen, deren Ställe bisher nicht voll ausgelastet waren, zusammengepfercht. Vielfach erinnerte man sich an eine mögliche Freilandhaltung mit primitiven Holz- oder sogar Strohhütten, wie sie aus den vorhergehenden Jahrhunderten noch bekannt waren. Ohne Kompromisse sollten wir Schweine so schnell wie möglich unsere bisherigen Heimstätten verlassen und das neue LPG – Leben aufnehmen. Für Rinder wurden hierfür die Offenställe in großer Anzahl aus dem Boden gestampft, die für uns geschaffenen notdürftigen Unterkünfte hatten keine einheitliche Bezeichnung. Überwiegend wurden recht primitive Holzhütten mit Strohdach gebaut, ähnlich der Freilandhaltung anfangs des Jahrhunderts.

Eigene Aufnahme 1962   „Schlipfs Handbuch" 1917

Einige ernste aber auch lustige Vorkommnisse aus dieser Zeit sind zum Teil nicht in Gesichtsbüchern zu lesen, in „Schweinekreisen" sind sie bis heute bekannt geblieben:

„Es soll sehr gute LPG Typ III schon in den 1950er Jahren gegeben haben", wissen viele Schweine zu erzählen. „Vor allem dort, wo erfahrene Bauern von Anfang an das Heft in der Hand hatten, sagten nach Überwindung einiger anfänglicher Schwierigkeiten die Leute: `Uns geht es teilweise sogar jetzt besser als früher, wir haben bei gut geplanter Gemeinschaftsarbeit mehr Freizeit und Arbeitserleichterungen.´ Auch wir Schweine lobten in diesen gut geführten Betrieben vor allem die ausgezeichne-

te, fachgerechte Pflege und Fütterung und die Regelmä-
ßigkeit in ihrer Betreuung."

„Das war jedoch nicht überall so", wissen gleich einige
Mastschweine zu berichten. „Wir lebten 1956/57 in einer
LPG Typ III, wir waren in unserem Maststall bestimmt
mehr als 100 Tiere, das konnte man von dem Krach ab-
leiten, den man hörte, wenn wir Hunger hatten und das
war sogar sehr oft."

Die Umstände, warum mehrere Schweine dieser LPG
Typ III im Dorf X damals wegen hochgradiger Abmage-
rung zur Notschlachtung kamen, sind in Chroniken nicht
schriftlich dokumentiert worden, aber es gibt Menschen,
die sich heute noch daran erinnern.

In X gab es bis Mitte der 1950er Jahre fast ausschließlich
Großbauern. Sie waren keine schlechten Landwirte, aber
das Ablieferungssoll, das ihnen auferlegt worden war,
konnten sie kaum schaffen. In X waren lediglich 2 Mittelbauern übrig geblieben, alle anderen, einige sogar mit
ihren Arbeitern, waren innerhalb kurzer Zeit geflüchtet.
Ein Chaos, besonders in der Betreuung der Tiere, entstand. Mit der Aktion „Industriearbeiter auf´s Land" ver-
suchte der junge Staat solche Situationen in den Griff zu
bekommen. In X jedenfalls gab es fast keine landwirtschaftlichen Fachkräfte mehr und auch die Arbeitsmoral
der zurück gebliebenen ließ teilweise zu wünschen übrig.
Für die mehr als 200 Mastschweine der LPG gab es im
Januar kein Futter mehr. In Mecklenburg, so hatte man
gehört, verkauften einige Landwirtschaftsbetriebe Saat-
kartoffeln. Trotz der sehr hohen Preise wurden etliche
Lastwagen voll von dort geholt, um als Viehfutter und
Notrationen genutzt zu werden. Trotzdem überstanden
nicht alle Mastschweine den Futtermangel, sie wurden
notgeschlachtet.

Die Dörfer wurden „vollgenossenschaftlich"

„Ende der 1950er Jahre hatte sich in der Mehrzahl der LPG die wirtschaftliche Situation stabilisiert; das spürten auch wir Schweine. Die Partei- und Staatsführung der DDR ging nun den nächsten Schritt: In der Landwirtschaft wollte man das Privateigentum abschaffen. Agitatoren sollten überall die Bauern überzeugen, freiwillig in die LPG einzutreten. Ein schwieriges Unterfangen, gab es doch etliche, die aus den unterschiedlichsten Gründen nicht Mitglieder der LPG werden wollten. Wir Schweine mussten ungefragt alles mitmachen, unsere Gedanken zu diesem gesamten Geschehen blieben aber ebenso unergründlich wie die von vielen Menschen. Übertragbar auf die damaligen Verhältnisse drückt das Brentano in den Anfangszeilen eines Liedes aus: `Die Gedanken sind frei/ niemand kann sie erraten....`. Geschrieben schon Anfang des 19. Jahrhunderts. Uns Tieren blieb die Teilnahme an den Gesprächen über die LPG-Eintritte verständlicher Weise verwehrt, wir spürten aber, dass sich Umwälzendes vollzog. Unsere Eigentumsform ging, soweit nicht schon bisher geschehen, Anfang der 60er Jahre von privaten zu Genossenschaftsschweinen über; übrig blieb noch die individuelle Tierhaltung. Alle Genossenschaftsbauern behielten ein kleines Stück Land und Haustiere zur eigenen persönlichen Nutzung. Außerdem erhielten sie Futter und Felderträge nach so genannten Bodenanteilen, d.h. nach der Größe, der in die LPG eingebrachten landwirtschaftlichen Nutzflächen und auf die `Arbeitseinheiten`. Wir fühlten uns als individuelle Schweine bei den Bauern sehr wohl, uns wurde vieles zugesteckt, denn wir sollten den Leuten viel Gewinn bringen."

Für wirtschaftsschwache Gehöfte bedeutete der Eintritt in die LPG einen Vorteil. Zudem bestätigten nach einigen

Jahren eine Reihe Bauern, die sich damals vehement gegen die LPG-Mitgliedschaft gesträubt hatten, dass der Eintritt sowohl persönliche als auch bestimmte wirtschaftliche Vorteile gebracht hatte.

Die 1960er Jahre eine ausschlaggebende Zeit für die Schweinehaltung in der DDR

Hier ab dieser Zeit entscheidet sich für die Schweine die Frage: „Verbesserten oder verschlechterten die neuen modernen Haltungsformen ihr Leben, blieben sie vielleicht sogar ohne jegliche Auswirkungen?" Alle drei Möglichkeiten zeigten sich in der Praxis.

„Die Welt ist klein, man trifft an den entferntesten Orten und überall immer wieder Bekannte und Verwandte", sagen die Menschen. „Ähnliches kann von uns Schweinen behauptet werden, deren häufigste Begegnungsstätten aber meist die Warteställe im Schlachthof sind. Dort erfolgt der letzte Erfahrungsaustausch, der Vergangenes beinhaltet, er hat geringen Einfluss auf zukünftige Maßnahmen zur Besserung der Haltungsbedingungen." Solche klugen Reden hören sich Sauen in ihren letzten Stunden an. Die Wortführerin stammte aus dem vorbildlichen VEG, wo alles Neue in der Schweinehaltung ausprobiert wurde. „Es ist alles sehr interessant, die Menschen könnten hier von uns erfahren wie gut oder schlecht uns ihre Experimente bekommen", fährt sie in ihrem Redeschwall fort: „Ich wurde in einem `Kastenstand´ geboren. Dort war unsere Mutter ständig von uns abgetrennt, damit sie uns nicht erdrücken konnte. Wir Ferkel krochen zwar unter der Absperrung durch und konnten uns recht frei bewegen, aber sie stand und lag doch recht eng eingepfercht.

Bild: Abferkelstall mit Kastenständen

In unserer Abferkelbucht fanden wir eine Fläche, auf der es immer schön warm war und wo wir acht Ferkel Platz suchten. Es hieß elektrisch beheiztes Ferkelnest. Die Wärme tat uns besonders gut, denn es wurde gesagt, unsere Wärmeregulierung sei instabil.

In anderen Kastenständen sah ich auch Infrarotstrahler über einer abgegrenzten Fläche hängen, die ebenfalls wärmten. Uns gefiel aber die Wärme von unten besser.

Ich entwickelte mich sehr gut, ich bin dort vorn im Bild das kräftige Ferkel.

Den ersten Schock bekam ich aber, als ich für ein Experiment ausgewählt und bereits als junge Sau in eine Anbindhaltung verbracht wurde.

Es gibt ein Foto auf dem ich protestiere. Könnt ihr euch vorstellen, dass wir uns vorkamen, als seien wir zu Rindern degradiert worden, die auch in den meisten Fällen angebunden werden!

Die Qual ging weiter, auch als tragende, gebärende und ferkelführende Sau musste ich die Anbindehaltung weiter ertragen.

Meine persönliche Antwort auf die schreckliche Anbindung war, dass ich nur 7 Ferkel zur Welt brachte, wie auf dem Bild zu sehen ist. Die Menschen behaupten, diese Haltungsform hätte jedoch auf alle unsere Leistungen keinen Einfluss. Ich kann euch aber die Striemen zeigen, die der Halsbügel hinterließ, den ich ab einem Alter von 8 Monaten trug.

Sagt jetzt alle ehrlich: Haben sich unsere Verhältnisse seit der Einführung dieser Neuerungen wirklich verbessert?

Jetzt, nachdem ich nicht mehr angebunden bin, spüre ich, dass ich nicht mehr lange lebe, es riecht nach Schlachtung, ich kann nicht mehr an die Öffentlichkeit treten. Hoffentlich merken die Menschen bald und die Presse deckt es auf, dass wir Schweine uns nie an solche Zwangsmaßnahmen gewöhnen werden. Unter Freiheit verstehen wir - da unterscheiden wir uns wahrscheinlich kaum vom Menschen - vordergründig auch Bewegungsfreiheit! Die Menschen bringen oft zum Ausdruck, dass sie sich in erster Linie die Freiheit wünschen, alles tun und sagen dürfen was sie wollen und denken. Uns Sauen fragen sie nicht, wir müssen tun, was sie wollen, eine merkwürdige `Schweinewürde`!"

Das waren die letzten klugen Bemerkungen einer Sau, die mit Lebenserfahrungen aufwarten konnte und deren Stimme bei den Menschen Gehör finden sollte. In Schweden, wo die Sauenanbindhaltung ihren Ursprung hatte, wurde sie 1989 staatlicherseits verboten.

In den Nachbarbuchten auf dem Viehhof hatten die Mastschweine aufmerksam die Berichte der klugen Sau verfolgt. Hier entbrannte eine heiße Diskussion über Spaltenfußböden und Käfighaltung.

Viele wollten ihre Erfahrungen preisgeben, aber ein Mastschwein wird zum Sprecher, weil es sich schon bisher in jeder Gruppe bei Rangkämpfen nach oben gebissen hatte. Wer auch hier ihm ins Wort fiel, wurde weggescheucht. Es berichtete: „Ich habe die unterschiedlichsten Spaltenböden kennen gelernt. Als Läufer war ich in einem Kofen zusammen mit 30 anderen. Da habe ich gelernt, mich durchzusetzen. Die Hälfte des Fußbodens war feste Fläche und dort hielt ich mich meistens auf, nur wenn ich ´was machen` musste, ging ich auf den Spaltenboden. Ich achtete auch darauf, dass sich meine Gefährten daran hielten. Stroh sahen wir nicht, auf eine trockene Liegefläche wollte ich aber nicht verzichten, ich war als Ferkel schon so erzogen worden. Der Spaltenboden war jedoch eine Katastrophe, dort konnte man sich ohnehin nicht lange aufhalten. Die Elemente waren aus Beton mit teilweise beschädigten Stellen an den Längsspalten. Wahrscheinlich wussten die Konstrukteure auch nicht, dass wir Läufer noch keine so großen Klauen haben wie ausgewachsene Tiere. Jedenfalls blieb man in den Öffnungen hängen, das hatte sogar sehr oft blutende Verletzungen zur Folge.

Nicht ganz schlecht fand ich die Spaltenelemente aus Metall und Gusseisen, die beide in unserer Bucht ausprobiert wurden. Die ersteren waren aber sehr glatt, so dass man darauf ausrutschte. Das war oft ein richtiges Schlittern wie auf Eis. Ich bin kein Experte aber wenn man mich fragen würde, so meine ich: Das Beste für uns Schweine ist Stroh, nur damit haben die Menschen mehr Arbeit und die will sich heutzutage die Mehrzahl möglichst vom Halse halten.

Bild: Ganzspaltenboden

`Arbeitssparende Haltungsformen` sagt man hochtrabend zu allen diesen Neuerungen. Wenn ich allerdings an den Fußboden im Maststall zurück denke, dann fällt mir als Vergleich nur der Unterschied zwischen Himmel und Hölle ein. Es gab keine feste Fläche mehr und wir alle wurden zu regelrechten Künstlern beim Laufen auf dem `Ganzspaltenboden´, wie diese Aufstallungsform für Mastschweine genannt wurde. Das allerschlimmste in der Mastabteilung, " erzählt das gequälte Tier weiter, „war das Schwanzbeißen; das muss ich hier unbedingt einfügen. Anstatt uns als geschlossene Läufergruppe auch in der Mast zusammen zu lassen, kamen wir mit Tieren aus mehreren Buchten zusammen. Einige hatten noch ihre Schwänze, anderen waren sie als Ferkel abgeschnitten, kupiert worden. Welches Schwein spielt nicht gern? Wenn es in der kahlen Umgebung nichts hat, dann müssen eben die Schwänze der anderen herhalten! Anfangs ist es Spaß, aber später wird es ernst, wenn die Schmerzenslaute und die blutenden Bisswunden dazu kommen! Ich kann es nur als unvernünftig bezeichnen, wenn die klugen Menschen Schweine mit und ohne Schwanz zusammensperren." Das Mastschwein konnte nicht weiter berichten, es wurde abtransportiert, rief aber noch zurück: „Wir alle waren feige, dass wir nicht schon zu Lebzeiten mehr gegen die Menschenwillkür rebellierten – Hungerstreik und damit weniger tägliche Zunahme wären wirksame Mittel. Aber wenn es ums Essen geht, seid ihr schlimmer als einige Menschen, unersättlich und uneins in gemeinsamen Aktionen!"

Jetzt aber war die Stimmung unter den zurück gebliebenen im Viehhof nochmals richtig aufgeheizt. Seit einigen Stunden hatten sie nur Wasser aber nichts zu fressen bekommen, weil sie angeblich vor der Schlachtung möglichst leere Därme haben sollten. Einen knurrenden Magen verträgt ein Mastschwein kaum. Voller Frust schildert ein sonst recht zurückhaltendes Tier seine eigene Leidensgeschichte. Es greift den bisherigen Faden auf und erzählt: „Mein Läuferdasein war ganz anders als das meiner Vorrednerin. Im Alter von 4 Wochen endete mein Ferkeldasein. Hierfür gibt es die Bezeichnung `Absetzen´, das trifft tatsächlich zu, es bezeichnet die Entfernung aus einer vertrauten Umgebung und das Ende der Säugezeit. Frühabsetzen nannte man meine verkürzte Verweildauer bei der Mutter, die früher mindestens sieben Wochen betrug. Die Fachleute sagten, dass diese neue Methode möglich sei, weil man uns in eine ´Läuferaufzuchtkäfigbatterie´ verbrachte. Die Menschen sind große Meister in Wortschöpfungen. Weil das die

36

Läuferhaltung der Zukunft sein sollte, will ich versuchen zu erklären, wie es mir dort erging. Anfangs kam ich mir wie im Gefängnis vor; das bewirkten die Gitterstäbe, durch die wir immer schauten.

Die Neuerung, die Käfige mit zwei Etagen, wurde viel fotografiert.

Ob ihr es glaubt oder nicht, ich, ein Schwein, habe Zeit meines Lebens kein Stroh gesehen. Es begann mit einstreuloser Haltung in der Abferkelbucht und endete mit Vollspaltenboden im Maststall. Dabei erzählte meine Mutter, dass früher in der Landwirtschaft mit Stroh nicht gespart wurde, da hatte man auch noch richtigen Mist, aber jetzt ist alles Gülle. Na, das ist nicht meine Sorge, damit müssen die Menschen fertig werden. Aber zurück zu den Käfigen: Alle Konstruktionsteile bestanden aus verzinkten Eisenteilen, nichtrostender Stahl wäre besser gewesen, aber den gab es in der DDR nicht für Schweine. Trotzdem waren die Metallteile gut sauber zu halten und über die Hygiene konnten wir uns nicht beschweren. Ich war in der oberen Etage untergebracht und hatte anfangs Bedenken, dass meine Ausscheidungen die unter uns campierenden Tiere treffen könnten. Aber die Wanne unter unseren Käfigen war dicht und alles so gut durchkonstruiert, dass es zu keinen gegenseitigen Belästigungen kam. Im Verhältnis zur Bodenhaltung konnte durch die Käfighaltung auf gleicher Stallgrundfläche die doppelte Anzahl Tiere untergebracht werden. Ich erlebte noch, dass die 500 Läufer in dem relativ kleinen Stallgebäude sehr laut waren, besonders wenn die Futterzeiten heran kamen. Begrüßt haben wir deshalb den Einbau der Futter- und Tränkautomaten. Selbstbedienung lag also nicht nur bei den Menschen sondern auch bei uns Schweinen im Trend der Zeit. Wer glaubt, durch die große Tierzahl hätte es schlechte Stallklimaverhältnisse gegeben, der irrt. Die Zwangsbe- und entlüftung garantierte, dass überall, selbst in jeder Ecke der Käfige, eine relativ zugarme Frischluft zu spüren war. Mein Läuferdasein fiel in die kalte Jahreszeit und da wurde je nach Außentemperaturen die zugeführte Luft sogar angewärmt. Wir merkten, dass unsere Käfighaltung etwas Neues war, denn hin und wieder besuchten uns Leute in weißen Kitteln, die eifrig das Für und Wider diskutierten. Viele bemängelten, dass 10 Tiere auf einer Grundfläche von ungefähr 3 Quadratmetern leben müssten, ich empfand das bei unserer Körpergröße als genug. Vor allem gefielen mir die kleineren Gruppen, ich hörte, dass in der Bodenhaltung 30 – 40 Läufer zusammen leben müssen; da sind auch die 0,2 Quadratmeter Grundfläche , die diese je Tier mehr zur Verfügung haben, kein Äquivalent zur geringeren Anzahl je Gruppe. Kurzum, ich fühlte mich in der Käfighaltung ganz wohl, ich war mit 7 kg Körpergewicht dort hinein gekommen, hatte in 60 Tagen fast 25 kg zugenommen und musste nun umziehen in die Mastabteilung. Wahrscheinlich handeln die Menschen gegenüber uns Schweinen in gleicher Weise wie im Umgang mit ihrem Nachwuchs. Kinder und Jugendliche werden behütet, aber wenn sie flügge geworden sind, müssen sie für sich selbst sorgen. Gleiches erlebte ich in der besseren Fürsorge für Ferkel und Läufer, als Mastschwein begann auch für mich der graue Alltag, das war: Viel Fressen, wenig Bewegung schmutzige Liegeflächen und kaum noch Körperpflege." Das waren die letzten Mitteilungen des Mastschweins, das sehr gefasst dem Kommenden entgegensah.

Den Schweinekrankheiten wird der Kampf angesagt
„Bis in die 1960er Jahre hinein hatten wir mit den Folgen zu tun, die durch das Zusammenbringen von Tieren während der LPG-Gründungen entstanden", erzählt eine Sau ihren Ferkeln: „Mein Wissen hierüber habe ich von unseren Vorfahren, die das ab Mitte der 1950er Jahre von Generation zu Generation bis heute in die 1970er Jahre weitergaben. Es mag sein, dass dabei ab und zu übertrieben wurde, weil sich auch manches Schwein wehrte, in die LPG zu kommen, aber die Tatsachen lassen sich nicht wegwischen; ebenso die vielen echten Bemühungen während dieser Zeit um die ständige Verbesserung unserer Gesundheit. Ich z.B. bin ein `SPF – Schwein` und gesünder als alle anderen. Halt, ich habe ja gelernt, dass es bei gesund gar keine Steigerung gibt, entweder man ist es oder ist es nicht. Das Ganze ist ja unheimlich kompliziert und ich weiß nicht, ob die Zeit, die ihr bei mir bleiben dürft, ausreicht, euch alles zu erklären. Seid recht aufmerksam, denn ich will, dass ihr meine Kenntnisse nicht nur selbst aufnehmt sondern mit dafür sorgt, sie den folgenden Generationen zu vermitteln." Die Ferkel wollen die Ohren spitzen, aber das gelingt nicht richtig, denn sie sind von der Rasse 'Deutsches Landschwein' mit Schlappohren. Gespannt hören sie aber zu, was die kluge Sau berichtet: „Damals, als es darum ging, sehr schnell von den einzelnen Bauernhöfen die Schweine in große Stalleinheiten zu bringen, konnte man nicht auf alles Rücksicht nehmen. Freilich wurde darauf geachtet, dass die Tiere keine offensichtlichen akuten Krankheiten hatten, aber um auch versteckt schlummernde Krankheitsprozesse erst abzuklären, gab es keine Zeit. Die Ferkelgrippe, eine ansteckende Krankheit, verursachte dabei erhebliche Probleme, weil die Schweine in fast allen Beständen Erreger in sich trugen. Der Umstel-

lungsstress machte die Tiere anfälliger und die Krankheitssymptome traten in der neuen Umgebung besonders stark hervor. Das soll oft ein so starkes Husten gewesen sein, dass den Pflegern richtig angst wurde, denn bei dieser Infektionskrankheit werden Atemwege und Lunge stark geschädigt. Ich habe erfahren, dass das Ausmaß der Schäden bei der Schlachtung durch die krankhaft veränderten Lungen, die alle verworfen werden müssen, so richtig sichtbar wird. Das ist aber nicht der Hauptschaden, sondern erkrankte Tiere wachsen viel schlechter, d.h. in der täglichen Gewichtszunahme, das Kriterium, woran unser Nutzen gemessen wird, bleiben sie sehr stark hinter gesunden zurück." Die Ferkel holen tief Luft und bitten die Muttersau, mit den schwierigen fachlichen Erläuterungen erst mal Schluss zu machen; sie prüfen auch, ob sie richtig durchatmen können, oder vielleicht schon an der Ferkelgrippe erkrankt sind. Aus den Nachbarbuchten hat man aber auch zugehört und fordert: `Weiter erzählen, weiter erzählen! ´ Die Sau fühlt sich geschmeichelt und fährt fort: „ Ich sage es euch gleich, ich will nicht überheblich sein, aber ohne wissenschaftliche Grundkenntnisse kann man das schwierige Krankheitsgeschehen bei Schweinen nicht begreifen. Neben der Ferkelgrippe spielt der Rotlauf als ebenfalls typische Infektionskrankheit der Schweine eine große Rolle. Hier besteht sogar eine Infektionsgefahr für die Menschen, allerdings meistens mit weniger schweren Krankheitsbildern. Diese ansteckende Schweinekrankheit hat man aber durch Impfungen und bei akuten Erkrankungen durch die Behandlung mit Antibiotika gut im Griff. Solche Methoden oder auch spezifische Medikamente hatte man aber bei der Ferkelgrippe, die schon seit vielen Jahrzehnten bekannt ist, nicht gefunden. Schon in der Zeit vor der LPG- Gründung versuchten fortschrittliche Bauern durch

40

hygienische Maßnahmen das Problem in den Griff zu bekommen. Das gelang nur unvollständig. Deshalb will ich jetzt erzählen, warum ich eine `SPF – Sau´ bin. SPF bedeutet: ´Spezifisch pathogen freie Ferkelaufzucht´, damit ist eine Methode gemeint, nach der die Ferkel bei der Geburt und später mit keinen für Schweine krankmachenden Erregern in Berührung kommen dürfen. Dazu gehören auch die Keime der Ferkelgrippe. Das ist etwas kompliziert und schwer zu verstehen, aber ich will euch meine diesbezüglichen Erfahrungen kundtun, damit hierüber von euch dann auch die weiteren Nachkommen informiert werden können. Vielleicht gelingt es auf diesem Wege die Erkenntnisse aus diesen Versuchen der Nachwelt zu erhalten. Am Anfang galt es, keimfreie Ferkel zu entbinden; dazu führte man Schnittentbindungen bei einigen Sauen unter weitgehend sterilen Bedingungen in einer Tierklinik durch. Der Kaiserschnitt bei Schweinen ist vom Prinzip her mit dem beim Menschen zu vergleichen. Die auf diesem Wege entbundenen Ferkel kamen in separate Ställe und wurden völlig getrennt von konventionell geborenen Tieren aufgezogen. Sie blieben weiter als Läufer, Zucht- und Masttiere in gesonderten Ställen. Aus einer solchen `Sonderabteilung` stammen auch ich und all die Sauen, die sich in diesem Stall befinden. Ihr werdet also, nach dem Absetzen, ebenfalls eine Sonderbehandlung erfahren und bis an euer Lebensende nur mit Schweinen aus der SPF – Aufzucht zusammen kommen. Glaubt mir, das sind alles frohwüchsige, gesunde Tiere, die mehr Lebensfreude haben als solche, die sich wegen der Ferkelgrippe immer mit einem schlimmen Husten quälen. Ich habe Gespräche von gescheiten Leuten gehört, die sagten, dass bei der Schlachtung von SPF - Tieren gar keine Lungen mehr verworfen werden mussten. Im übrigen könnt ihr aber auch berühmt für die Wissenschaft werden; ich habe gehört, dass medizinische Institute großes Interesse an SPF – Schweinen haben, weil es bei diesen Versuchstieren keine spezifischen Krankheiten gibt, die sich negativ auf die Experimente auswirken könnten. Allerdings ist das Ganze ein sehr heikles Thema; es gibt zahlreiche Menschen, die am liebsten Tierversuche verbieten würden. Das kann man nur unterstützen. Ich habe gehört, manche Organe und Knochen von uns Schweinen sind denen der Menschen sehr ähnlich. Damit gebührt uns wohl auch ein würdiger Platz in der Evolution.

„Hoffentlich konntet ihr meinen Ausführungen gut folgen. Ich teile nicht die Meinung mancher Menschen: ′Das versteht kein Schwein′. Wir machen uns auch Gedanken und ich wünschte mir, das die SPF – Haltung der Schweine erfolgreich sein möge." Die kluge Sau erlebte nicht mehr, dass sich die SPF wahrscheinlich aus ökonomischen Gründen oder auf Grund schwieriger Bedingungen nicht durchsetzte. Nur für Versuchstiere ist sie bis in die Neuzeit hinein interessant geblieben.

In den 70er Jahren beginnt für die Schweine in der DDR ein neues Zeitalter

„Gigantismus" beim Bau der Schweinezucht und - mastanlagen in der DDR
„Kaum hatten sich die meisten LPG in den 1960er Jahren stabilisiert, fing man mit neuen Experimenten an", erzählte ein Eber seinen Stallgefährten, der in einer Läuferaufzuchtanlage mit über 1000 Sauen in den 1970er Jahren lebte. „Ich wurde in den letzten Jahren nur noch dazu benutzt herauszufinden, welche der angebundenen Sauen brünstig sind, damit sie besamt werden können.

Ich durfte also gar kein richtiger `Deckeber` mehr sein. Für meine sonderbare Aufgabe führte man mich durch mehrere Ställe und ich konnte interessante Gespräche der Tierpfleger hören, da sie sich vor mir kein Blatt vor den Mund nahmen. Ich rede vor euch Mitgeschöpfen sehr laut, damit viele zuhören; hoffentlich erfährt davon auch unsere Nachwelt. Die Probleme sind so vielseitig, dass ich fast nicht weiß, wie ich beginnen soll; ich denke, ich erzähle zuerst über meine Betreuer, die zum Teil früher Einzelbauern waren und sich gern über die Zeit seit 1960 unterhielten. Als Zeitzeugen zeichneten sie ein sehr reales Bild; von ihnen hörte ich sehr ehrliche Auffassungen, die ich euch gern, ich kann es nicht wörtlich tun, aber dem Sinn nach, wiedergeben möchte." Die Bauern meinten: `Seit jeher ergab die wirtschaftliche Situation der LPG ein sehr unterschiedliches Bild, besonders schwache Betriebe erhielten großzügige staatliche Unterstützung – Bankrott brauchte im Wirtschaftssystem der DDR keine LPG anzumelden. Eine Entwicklung, die sich zunächst gar nicht so schlecht anließ. Trotzdem hatte das alles auch seine Schattenseiten, es gab zu wenig Ansporn, sich mehr anzustrengen. Die guten Betriebe mussten für die schlechten mit aufkommen. Die Lage wurde jedoch ab den 1970er Jahren besonders schwierig, als man in den *Gigantismus* verfiel. Dieser Name ist heute in aller Munde und benennt die ungesunde Zusammenlegung von mehreren LPG und VEG in Kooperationen bis hin zur Trennung von Feld- und Viehwirtschaft. Hierbei müssen wiederum die wirtschaftlich gefestigten Betriebe die schwachen aufnehmen und geraten manchmal selbst in Schwierigkeiten. Auch in der Tierproduktion konnten die Ställe und Stalleinheiten auf Wunsch der Parteifunktionäre nicht groß genug sein. Die *Parteibosse* der Kreise und Bezirke wetteifern untereinander in der Größe der Kooperationen. Jetzt spricht man sogar von industriemäßiger Tierproduktion. Bei Eberswalde soll es eine Schweinezucht- und Mastanlage mit 350000 Tieren (S 110) geben! Solche großen Anlagen existieren angeblich in der Sowjetunion und in Jugoslawien auch schon. Bei uns muss alles vom so genannten großen Bruder, das ist im Sprachgebrauch die SU, übernommen werden. Diese ganze Entwicklung geht aber über unsere Vorstellungen hinaus.` Der Eber setzt seinen Bericht fort: „Als Besitzer von ehemals kleineren Bauernhöfen haben diese Bauern noch die urwüchsige Landwirtschaft kennen gelernt, sie wollen keinesfalls zurück in diese Verhältnisse, denn da wären sie auf verlorenem Posten. Man darf deshalb nicht alles mies machen. Z.B. wird meine Aufgabe als Sucheber bald beendet sein, darüber bin ich nicht einmal traurig; der wissenschaftlich technische Fortschritt, so der neue Slogan, hält überall Einzug. Selbst das Fortpflanzungsgeschehen bei uns Schweinen wird jetzt durch neue Verfahren gesteuert. Habt ihr eigentlich schon einmal etwas über künstliche Besamung und Brunstsynchronisation gehört?" „Ja," melden sich einige Sauen, „wir sind betroffen, aber wie können wir Genaueres darüber erfahren?; du weißt vielleicht mehr, du bist bisher in vielen Ställen gewesen, hast die Meinung etlicher Jung- und Altsauen gehört und kennst viele Schweine. Kann man auf diesem Gebiet der Landwirtschaftspropaganda wirklich trauen, oder sagt man uns Schweinen gar nicht die Wahrheit? Unsere Gefühle, das spüren wir, haben sich irgendwie verändert." Der Sucheber ist geschmeichelt, dass man ihm so viel Klugheit zutraut, meint aber, dass es Fachkundigere gibt, die Auskunft geben könnten. „Fragt den Tierarzt oder Besamungstechniker, die kommen doch regelmäßig in euren Stall", wimmelt er sich die heiklen Fragen ab. „Authentische Aussagen zu diesen Problemen gibt es auch von Zuchtebern aus Besamungsstationen und Zuchtsauen, die in Versuchsgütern ständig neue Verfahren über sich ergehen lassen müssen."

Die Schweineproduktion in der DDR
In der DDR wurde für die Schweinezucht und –haltung der einheitliche Begriff `Schweineproduktion` eingeführt. Damit sollte der Übergang zur industriellen Arbeitsweise auch in der Schweinehaltung verdeutlicht werden. „Wir Schweine wurden im übertragenen Sinne Produktionsarbeiter" erklärten Tiere, die diese Entwicklung in einer Stallanlage für 25000 Mastschweine erlebten. Ende der 1970er Jahre wurde die Anlage sogar auf die doppelte Anzahl Tiere erweitert. „Nur gut, dass unsere Berichte während einer Mastperiode an die jeweils nächsten Stallbelegungen weitergegeben werden, sonst wäre die Zeit zur Darstellung unserer Verhältnisse viel zu kurz," erzählen die Masttiere. „Wir werden mit einem Gewicht von ca. 35 kg eingestallt und sind mit durchschnittlich 110 kg Lebendmasse schlachtreif. Dazwischen liegen in der Regel höchstens 5 Monate. Unsere Anlage ist ein auf die Mast spezialisierter Betrieb. Es ist für uns außerordentlich schwierig, die vielen neuen Begriffe alle richtig zu verstehen und anzuwenden. Wir stellen sogar fest, dass selbst unsere Pfleger damit Probleme haben, für sie ist die industrielle Schweineproduktion auch etwas Neues. Die meisten kannten bisher Bauernhöfe, in denen Ferkel, Läufer, Sauen, Eber und Mastschweine eine durchgehende Produktionskette bildeten. Achtung, schon wieder eine Bezeichnung, die es in der Vergangenheit nicht gab und einfach bedeutet, dass alles, was Schwein heißt, auf einem Gehöft anzutreffen war. Solche Anlagen gibt es heute auch, aber mit dem Unterschied, dass von dort

nicht nur wie früher von einem bereits großen Bauernhof vielleicht pro Jahr 500 Mastschweine zur Schlachtung gehen, sondern es sind mindestens so viele pro Woche. Wir alle wachsen aber gemeinsam in die neue Zeit hinein und uns bleibt nichts anderes übrig, als damit fertig zu werden." „Ich stamme aus einer Läuferproduktionsanlage von der Läuferpartien von 500 Tieren in unsere hiesige Mastanlage geliefert werden", berichtet ein Mastschwein, das in einer Stalleinheit dieser Größenordnung heranwächst. „Ich empfinde es als sehr gut, dass ich von meiner Läufergruppe bis hier in die Mastgruppe immer mit den gleichen Gefährten zusammen war. So gab es nur ein einziges Mal Rangkämpfe, das war, als wir als Absetzferkel in die Käfige des Läuferstalles kamen. Es ist richtig wohltuend, wie sich die Menschen bemühen, dass keine Infektionskrankheiten bei uns eingeschleppt werden können. Unsere Gesundheitsüberwachung muss ganz schön aufwändig sein, denn ich merke, dass viele Weißkittel ständig um uns besorgt sind. Was die alles machen, bekomme ich gar nicht ganz mit, ich merke nur, dass ich von meinem Ferkeldasein bis heute schon manchen Injektionsnadelstich spürte. Wir alle amüsieren uns darüber, dass die Leute, die in unserer Großanlage arbeiten, oder auch Besucher, nur über so genannte Personenschleusen zu uns gelangen können. Wie das funktioniert, muss ich unbedingt erzählen; bei den Menschen schämen sich in der Regel die Frauen, sich nackt den Männern zu zeigen oder auch umkehrt. Wir Schweine haben da weniger Hemmungen. So gibt es getrennte Personenschleusen für `Männlein und Weiblein´, in denen sich jeweils in der Stall- und Außenseite Umkleideräume mit dazwischenlegenden Duschen befinden. Dort legen von außen kommend die Personen alle Straßenkleider ab, gehen durch die Dusche und ziehen Arbeitskleidung für den Stall an. Beim Verlassen des Arbeitsbereiches, der übrigens ´weiße Zone` heißt, wiederholt sich der Vorgang in umgekehrter Reihenfolge. Die winzig kleinen Viren und Bakterien fürchten sich wahrscheinlich doch vor diesen gesamten strengen Hygienemaßnahmen, denn Infektionskrankheiten können in diesen Großanlagen Verheerendes anrichten."

„Wir sehen unsere Hauptaufgabe darin, schmackhaftes Schweinefleisch, das sich außerdem gut zu Fleisch- und Wursterzeugnissen verarbeiten lässt, zu liefern", sagen die Schweine, die nunmehr in der Landwirtschaft schon zu Lebzeiten so genannte Produktionserzeugnisse geworden sind. „Es ist für unser kleines Schweinegehirn kaum vorstellbar, was sich die Menschen mit ihrem großen ´Denkapparat` alles einfallen ließen, um Parteibeschlüsse zur Konzentration der Schweineproduktion zu erfüllen", meinen die Tiere.

„Die Jungsauen neben mir, die genau wie ich auf den Geburtsvorgang warten, aber schon hier in der Großanlage geboren wurden, wissen nicht einmal was Stroh ist", weiß eine Altsau, die zur Erstbelegung einer S 110 - die Bezeichnung für eine Großanlage mit mehr als 350000 Schweinen - gehörte, zu erzählen. „Ich wurde in einem VEG geboren, wuchs dort auf und kam als tragende Jungsau hierher. In meinem damaligen Betrieb wurde auch mit Stroh gespart, aber die Sauen konnten sich über eine gute Einstreu nicht beschweren. Ich verstehe ja, dass hier bei dieser enormen Anzahl Schweine gar nicht mit Stroh gearbeitet werden kann. Die notwendigen großen Lagerkapazitäten wären ebenso zu aufwändig wie die Mistentsorgung. Außerdem gibt es derzeit gar keine technologischen Lösungen, die bei diesen Größenordnungen einigermaßen vertretbaren Arbeitsaufwand garantieren." „Red nicht so hochtrabend daher", unterbrechen die jungen Sauen die Erzählerin, „sag klipp und klar was Stroh ist." Sie kann aber ihre belehrende Art nicht lassen und fährt fort: „Stroh dient als Einstreu und Futtermittel. Uns schmeckt es aber nicht und es wird auf unseren Liegeplätzen als Unterlage verwendet, die Feuchtigkeit aufsaugt und vor Kälte schützt. Selbst die Menschen gebrauchten es früher in ihren Betten als Füllstoff für Matratzen. In den Feldlagern schlafen sogar die Soldaten sehr gern auf Stroh." Jetzt wird es ihnen aber tatsächlich zu viel und sie fragen: „Warum sprichst du so begeistert vom Stroh, sind unsere einstreulosen Haltungsformen nicht hervorragende Methoden des wissenschaftlich technischen Fortschritts?" „Papperlapapp, ihr könnt so fragen, weil ihr nichts anderes kennen gelernt habt", antwortet die gelehrte Sau. „Ihr glaubt wohl gar, dass das Gülleproblem, das durch diese neuen Haltungsformen heraufbeschworen wurde, schon gelöst sei? Weit gefehlt, dieses Kot- Harngemisch kann zwar im Stall ohne Schwierigkeiten aufgefangen und mit zweckmäßigen technischen Einrichtungen hinausgebracht werden, aber wie es draußen günstig und umweltverträglich weiter gehen soll, das wissen bisher selbst gelehrte Ingenieure und Landwirte nicht. Geeignete Technologien sind auch nicht in Sicht. Romane könnte ich darüber schreiben, was ich schon alles über die Gülleverwertung, einige sagen sogar Beseitigung, gehört habe. Interessiert es Euch überhaupt, was mit euren Exkrementen schon alles angestellt wurde?" fragt die kluge Sau. „Aber ja", tönt es für die Menschen nicht wahrnehmbar aus allen Bereichen des Stalles. Sie fährt deshalb fort und will den Hinweis beherzigen mit nur wenigen Fachbegriffen auszukommen: „Die Felder und Wiesen in der Umgebung der S 110 aber auch anderer Großanlagen reichen nicht aus, um die anfallenden Güllemengen darauf zu verteilen. Im übrigen sagen die Landwirte, die sich auf Feldwirtschaft spezialisierten, dass die Gülle sehr wenig oder keinen Wert für die Düngung besitzt, sie soll sich teilweise sogar negativ auf die Bodenfruchtbarkeit auswirken. Die LPG und VEG der gesamten Gegend wehren sich deshalb, sie auf ihren landwirtschaftlichen Nutzflächen, vor allem in größeren Mengen, auszubringen. Notgedrungen errichtete man in Anlagennähe ausgedehnte nicht all zu tiefe Lagunen; von den damit geschaffenen großen Oberflächen der sehr feuchten Masse sollte viel Wasser verdunsten. Das funktionierte aber nur an warmen Tagen, wenn es regnete oder schneite kam sogar noch zusätzliche Feuchtigkeit hinzu. Die Abluft aus unseren Ställen enthält viele Schadstoffe und riecht u. a. stark nach Ammoniak, aber das ist noch harmlos gegenüber des Gestankes und der Belästigung der Gegend durch die Güllelagerstätten. Den Bäumen der in der engeren und weiteren Umgebung liegenden Wälder sieht man deutlich an, dass sie dadurch krank geworden sind. Selbst in vielen Kilometern Entfernung ist der typische unangenehme Geruch dieser großen Schweineproduktionsanlagen wahrnehmbar. Wir hörten, dass die Menschen gegen die Umweltschäden protestierten. Vor allem die Pfarrer formierten einen im Rahmen der DDR - Gesetze möglichen sachlichen Widerstand, aber auch dieser war wirkungslos."

An dieser Stelle endet zunächst der Bericht einer Sau aus der S 110 und der Autor, der alles für die Schweine niederschreibt, teilt mit, was nach der Wende ab 1990 mit den „Schweinegroßanlagen" geschah. Kurz: Die meisten wurden abgewickelt, eine neue Bezeichnung für die Schließung und das Ende der Betriebe. In der S 110 bei Neustadt/Orla erwarben und nutzten z.B. einige Gewerbebetriebe die Gebäude und das Gelände. Dabei war u.

a. eine Firma, die Fenster herstellte, weil auf diesem Gebiet ein enormer Bedarf für Neubauten und Gebäuderenovierungen entstand. Es gelang jedoch sehr lange Zeit nicht, die Schweinegerüche aus den Ställen zu entfernen; Fußböden, Wände und Decken hatten sich regelrecht voll gesogen. Obwohl sich dann auf dem Gelände keine Schweine mehr befanden, dauerte es geraume Zeit bis man auch in der Umgebung die ehemalige Nutzung nicht mehr roch. Auch in der DDR – Zeit hatte man erkannt, dass das Gülleproblem einen begrenzenden Faktor für die Größe der Tierproduktionsanlagen darstellte. Es fehlte nicht an Bemühungen hierfür Lösungen zu finden. Zwei Beispiele für außergewöhnliche diesbezügliche Vorhaben, über die es wahrscheinlich nach Recherchen des Verfassers noch keine Veröffentlichungen gibt, die aber in der Planungsphase bzw. Teilrealisierung waren, sollen hier genannt werden. In Parteibeschlüssen der SED wurde gefordert alle Materialreserven zu erschließen und zu nutzen. So entstand der Gedanke, die Gülle in großen Futtertrocknungsanlagen zu trocknen und als Dämmmaterial im Bau oder in anderer Weise in der Landwirtschaft, sogar als Futter, einzusetzen. Bei den ersten Versuchen reichte die Höhe der üblichen Schornsteine der Trocknungsanlagen nicht aus, um die Duftwolke in höhere Schichten entweichen zu lassen. Noch in 10 km Entfernung roch es sehr unangenehm, ähnlich wie nach verbrannten Eiweißmaterialien. Die noch sehr intensiven unangenehmen Gerüche der Trockenprodukte begrenzten ebenfalls deren weitere Verwendung. Die Methode setzte sich nicht durch.

Geologen, Hygiene- und Bauexperten unterbreiteten den Vorschlag, die Gülle in tiefere Erdschichten zu verbringen und empfahlen hierfür folgendes Verfahren:

50

Für den vorgesehenen Standort der Großanlagen sollten solche Gebiete ausgewählt werden, in denen sich in ca. 2000 m Tiefe Untergrund mit mehr als 30 % Porosität befindet. Nach Berechnungen wären für den Gülleanfall einer Anlage mit 350000 Schweinen 5 Bohrschächte, die nach etwa fünf Jahren hätten ersetzt werden müssen, notwendig geworden. In diesen sollten bis zu einer Tiefe von 200 m Rohre installiert werden, um eine Beeinträchtigung des Grundwassers zu verhindern. Die Fallhöhe hätte ausgereicht, die zähflüssige Masse in der Tiefe ins Gestein und Erdreich zu verpressen. Der Vorschlag ging ans Landwirtschaftsministerium der DDR und wurde von dort empört mit der Begründung abgelehnt, dass es unverantwortlich sei, die Gülle als wertvollen Dünger zu beseitigen und nicht zu nutzen. Freilich war noch nicht geklärt, was später mit der versenkten Masse geschehen könnte, dafür waren weitere Untersuchungen empfohlen worden. Die Errichtung weiterer Großanlagen vermochten Fachleute nicht zu stoppen und für die dabei unvermeidlichen Umweltbeeinträchtigungen gab es keine brauchbaren Lösungswege.

In den 1970er und 1980er Jahren hatte die Schweineproduktion in der DDR einen hohen Stand erreicht. In den Betrieben wurde den Schweinen ein artgerechter Komfort geboten, sie waren in dieser Zeit, mit wenigen Ausnahmen, zufrieden mit ihren Lebensbedingungen, weil sie wohl auch die traditionelle Tierhaltung nie kennen gelernt hatten. Widerstandslos ließen sie es sich gefallen, dass ihnen in den großen Produktionsstätten höchste Leistungen bei der Aufzucht und der Fleischproduktion abverlangt wurden.

Epilog

Weitere Fragen tauchen auf, die die Schweine versuchen sich selbst zu beantworten: „Warum wollen die Menschen, die daran glauben, dass sie in einem zweiten Leben als Tier wieder auf die Welt kommen könnten, in den meisten Fällen dann kein Schwein sein? Hunde, Katzen, andere Schmusetiere oder Pferde und selbst Rinder sind hierbei beliebter. Dabei gelten wir neben dem vierblättrigen Kleeblatt und dem Schornsteinfeger als Glücksbringer. Außerdem sind Sparbüchsen nach unserem Ebenbild geformt, Glückwunschkarten tragen unsre Abbildungen und vieles mehr. Man könnte ja meinen, dass uns die Zweibeiner direkt zum Fressen lieb haben. Das scheint des Pudels Kern zu sein, erst wenn wir geschlachtet worden sind tritt unser wahrer Wert zu Tage. Auf alle Fälle schmecken ihnen unser Fleisch und die vielen daraus hergestellten Erzeugnisse sehr gut."

Abschlussbemerkung des Autors: „Es ist bekannt, dass Tiere drohende Naturkatastrophen früher ahnen als wir Menschen; dieses frühzeitige Gespür scheint unseren Mitgeschöpfen für gesellschaftliche Umbrüche aber zu fehlen. Die `Wende 1989´ mit allen ihren Folgen kam deshalb für fast alle unerwartet. Seit dieser Zeit wünschen sich Menschen und Schweine gleiche Lebensbedingungen in Ost und West. Ein langer steiniger Weg.

In der vorliegenden Publikation werden Erlebnisse, keine wissenschaftlichen Untersuchungen, dargestellt."